첫 번째 그림 사전
동물

돼지

토끼

나비

여우

일러스트: 안나 이바니르

www.kidkiddos.com
Copyright ©2025 by KidKiddos Books Ltd.
support@kidkiddos.com

All rights reserved. No part of this book may be reproduced in any form or by any electronic or mechanical means, including information storage and retrieval systems, without written permission from the publisher, except in the case of a reviewer, who may quote brief passages embodied in critical articles or in a review.
First edition, 2025

Library and Archives Canada Cataloguing in Publication
First Picture Dictionary - Animals (Korean edition)
ISBN: 978-1-83416-597-4 paperback
ISBN: 978-1-83416-598-1 hardcover
ISBN: 978-1-83416-596-7 eBook

야생 동물

하마

판다

여우

코뿔소

사슴

무스

늑대

✦무스는 수영을 잘하고 물속에 잠수해 식물을 먹을 수 있어요!

다람쥐

코알라

✦다람쥐는 겨울을 위해 견과류를 숨기지만, 가끔 어디에 뒀는지 잊어버려요!

고릴라

반려동물

카나리아

기니피그

✦개구리는 폐뿐만 아니라 피부로도 숨을 쉴 수 있어요!

개구리

햄스터

금붕어  개

✦어떤 앵무새는 말을 따라 하고 사람처럼 웃기도 해요!

고양이

앵무새

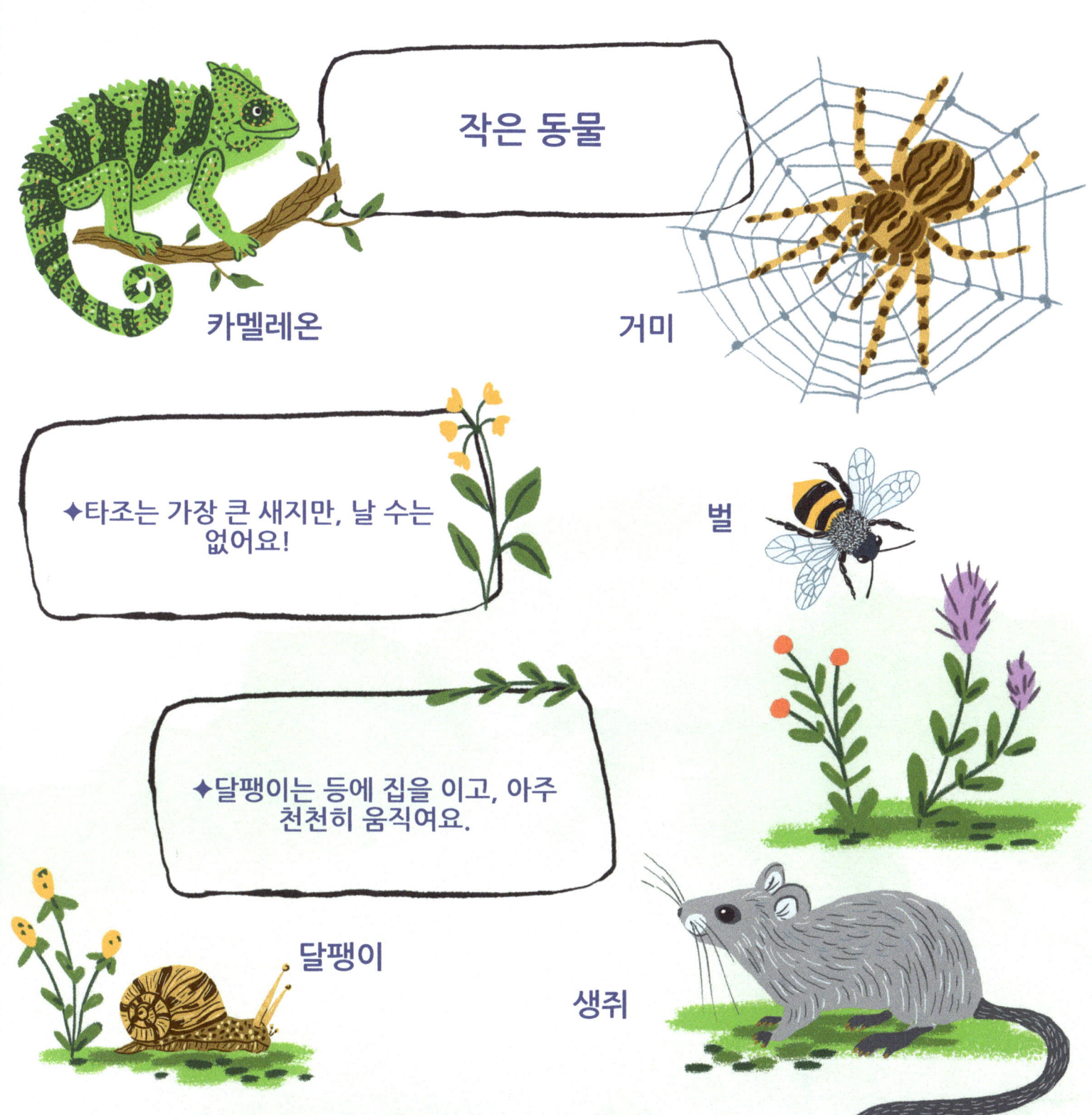

조용한 동물

거북이

무당벌레

✦거북이는 육지와 물속 모두에서 살 수 있어요.

물고기

도마뱀

부엉이

박쥐

✦부엉이는 밤에 사냥하며 청각으로 먹이를 찾아요!

✦반딧불이는 밤에 빛을 내어 다른 반딧불이를 찾아요.

너구리

타란튤라

다채로운 동물

플라밍고는 분홍색이에요

부엉이는 갈색이에요

백조는 하얀색이에요

문어는 보라색이에요

개구리는 초록색이에요

✦ 개구리는 초록색이기 때문에 잎 사이에 숨을 수 있어요.

북극곰은 하얀색이에요

여우는 주황색이에요

코알라는 회색이에요

흑표범은 검은색이에요

병아리는 노란색이에요

나비와 애벌레

양과 새끼양

말과 망아지

돼지와 새끼 돼지

염소와 새끼 염소